Marion Jana Goeritz

Kaleidoskop

Bibliografische Information der Deutschen Nationalbibliothek:

Die Deutsche Nationalbibliothek verzeichnet diese Publikation in der Deutschen Nationalbibliografie; detaillierte bibliografische Daten sind im Internet über http://dnb.dnb.de abrufbar.

Coverbild: Marion Jana Goeritz

Herstellung und Verlag: BoD – Books on Demand, Norderstedt

ISBN: 978-3-8423-5738-9

Herzlich Willkommen liebe Leser,

ich glaube das Leben kann Bilder zeigen, wie aus einem Kaleidoskop. Und ja, manchmal sind die Bilder des Lebens dunkler.

Vieles spielt zusammen und wie es fällt, daraus müssen wir das Beste für uns machen.

An einem Tag verstimmt uns der Regen und am anderen erfreut uns das Grün einer Wiese. Ebenso freuen wir uns über liebenswerte Begegnungen und können uns ärgern, wenn wir zur richtigen Zeit, nicht das Richtige sagen und ein Sonnenuntergang, wenn das Rot der Sonne im Meer versinkt, stimmt uns wieder friedlich in unserer Seele.

Manchmal gefallen uns unsere Bilder nicht. Wir drehen das Kaleidoskop noch einmal.

Denn wir alle möchten ein schönes Leben. Bunt, lustig und schön anzusehen und natürlich sind wir gespannt, wie das nächste Bild ausschauen wird.

Herzlichst

Marion Jana Goeritz

Wenn der Abend

sanft den Tag berührt

und das Licht

sich schlafen legt um auszuruhen

wenn dein liebend Herz

leise zu mir spricht "Ich liebe dich"

nicht um meinet Willen

nur deiner lieben Seele nah zu sein

dann findet doch noch

ein Sonnenstrahl den Weg zu mir

auch im Dunkel der Nacht

und in seinem hellen Schein fühle ich

was mein Herz sich wünscht

Aus der Ferne

fühle ich deine Wünsche

dein Herz

es ruft nach mir

mit einer sehnsuchtsvollen Melodie

begrüßt es mich am Morgen

erzählt meine Seele

Dein Seelenlicht bewegt mich

meine Bilder strahlen hinaus

Liebe strömt zu mir

Glasbunte Teile
fangen Sonnenstrahlen ein
mit den Farben spielen
bunte Träumerei

Blütenblätter strahlen

Pflasterwege bunt

Seelenlichter tanzen

Liebe ist gesund

Sonnenspiel
auf weißer Wand
bezaubernd bunt

Farbenfrohe

lichtvolle

Wesen

Blütenfarben

schenken Freude

Balsam für die Seele

Seelenlicht

im Herzen gut

Im Spiegel der Zukunft
spielen helle Sonnenstrahlen

Du brachtest mich
an meine Grenzen
ich schrieb sie auf
ohne zu wissen
wer du warst

Einer neuer Tag

brach an in meiner Seele

ich nahm

ich gab

ich hatte einen Weg gefunden

nach dem ich ausruhte

Mittendrin

ich erinnere mich

es war mittendrin

da erwachte ich

und es begann

genau mittendrin

Gefühle täuschten nicht
da gab es jemand

Und im Traum dieser Nacht

wachtest du über mich

leuchtendes Sternenmeer

spiegelte sich im Seerosenteich

gedankenversunken schaute ich in

das Nachtdunkel

in mir Licht und Liebe

Sternenweiter Funkenflug

Augenpaare treffen sich

Herzen verschmelzen

im Licht der Liebe

Augenblicke der Ewigkeit

Zeit stand still

Momentaufnahmen

früher

alles anders

doch wirklich

auch besser

Frühe Gedanken

Träume schweben

über den Morgentau

bis die Sonne ihn aufleckt

mit ihrer wärmenden Kraft

der Traum doch bleibt bunt und schön

Brandung gefährlich laut
Worte fallen in ihre Wellen
schwimmen in die Freiheit

Fensterglas klar

Sicht frei

Gedanken kreisen nicht

Gefühle finden sich

Im Gefühl der Freiheit
einen Augenblick innehalten
spüren was fehlte
und dann alles auf Anfang

Sandbank lässt stranden

was andere haben gehen lassen

auf ihrer Lebensreise

Farben

auf der Leinwand

auf weißen Papier

erzählen von Träumen

erzählen von Seelenschmerz

bunte Farben

erzählen von Zukunft

wie schön das ist

Sonne lacht vom Himmel

Fenster weit offen

Herz im Wind

Seele lacht

und ich

glücklich

Gitarrenspiel am Feuer

Menschen im Kreis

Herzen

lauschen dem Klang

dieser Seelenmelodie

vielleicht

reist auch eine Träne in dieser Nacht

zu dem Traum der nicht gelebt wurde

doch die Hand bleibt nicht ungehalten

Wärme fließt in das traurige Herz

belebt es mit der Kraft der Liebe

und ein bezauberndes Lächeln

findet ein zu Haus

Wenn das Laute verstummt

Gedankenkreise sich schließen

Gefühle

 Stille suchen

ist der Tag gegangen

und schenkt der Nacht

ein Sternenmeer

das sich im Blau

des Wassers widerspiegelt

welches die Sonne

zum Abschied küsste

Wenn die rote Sonne am Abend

im Meer versinkt

die Venus hell am Himmel blinkt

am Firmament der Mond sich zeigt

legt meine Seele sich zur Ruh'

bis ein neuer Morgen erwacht

und die ersten Sonnenstrahlen

kitzeln meine Seele wach

Sternenmeer weit und klar

leuchtet hell durch jede Nacht

Träume finden sich dort ein

lassen Seelen tanzen

im hellen Mondenschein

Die Sonne küsst das Wasser leise

kleine Wellen sie finden zum Ufer

Gute Nacht Geschichten

werden erzählt

sie finden in die Seele

und betten sie zur Ruh'

für eine ganze Zeit

Das Abendlicht durchs Fenster bricht

Sonnenstrahlen welken

doch nur

für einen langen Augenblick

im Morgen erwecken sie uns

zu neuen guten Taten

Der Morgentau erzählt ganz frisch
von seiner Kühle
das Grün nimmt die Geschichten auf
und lässt sie mich noch fühlen

Der Abendwind er singt sein Lied

leise doch mit Melodie

ich höre ihm zu und summe mit

freue mich auf die Ruhe

und auf den neuen Morgen

im Sonnenlicht

Das Grün der Wiesen

das Blau der Meere

das Gelb der Sonne

das Blau des Himmels

das Leuchten der Sterne

der Schein des Mondes

das Weiß der Wolken

das Nass des Regens

die Farben der Blumen

das alles finden wir auch in uns

wenn wir Liebe leben

Wir öffnen

den Träumen der Nacht das Tor

legen wir uns schlafen

Seelen hören ihren Geschichten zu

die sie erzählen bis zum Morgen

Ein Blätterkleid im Winde

es rauscht eine Melodie

im frischen grünem Moos

verweilt so manche Seele

und summt ihr Lied mit ihm

Der Sonnenschein am Morgen
erweckt die Lebenslust
er lässt mich großes ahnen
ich schaffe es ganz leicht

Weiße Wolken

tanzen am Himmelblau

vogelfrei

fliegt der Adler seine Runden

Traumzeit ist noch nicht vorbei

das Grün der Wiese lädt mich ein

Wälder rauschen Blättergesang

das Grün es schenkt uns Hoffnung

lädt uns ein in sein Reich

Gedankenkreise fallen

Im Grün da fand ich

einen blauen See

ruhig und verlassen

er lud mich ein

mich abzukühlen

ich konnte es nicht lassen

so schwamm ich in des Sees Nass

und fühlte mich geborgen

das Grün um mich

das war es wohl

das mir hat mein Glück gewoben

Die letzten Sonnenstrahlen

sie winken uns noch zu

sie sinken in die Ferne

bis zum neuen Morgengruß

Blumen erblühen
prachtvoll und bunt
lassen die Seelen fühlen
natürlich ist gesund

In der Nacht

ein Sternenmeer

es funkelt in die Ferne

ich sehe es auch bei mir

wie gerne hätte ich dich bei mir

Die Sonnenstrahlen tanzen

auf unserer bunten Welt

sie kitzeln unsere Nasen

Sommersprossen sind bestellt

Die rote Sonne im See versinkt

ihre Strahlen erlöschen

doch nur für einen Augenblick

am Morgen schon

werden sie wieder tanzen

Am Abend

wenn ich den Tag noch mal sehe

und schau in die Höhe des Himmels

sehe ich dann die zwei Vögel ziehen

glaube ich manchmal

er brauchte mich nie

Regen

fällt leise auf das Grün

es stillt seinen Durst

es wächst empor

und lässt sich

die Hoffnung nie nehmen

Sonnenstrahlen tanzen

auf dieser bunten Welt

finden keinen Schatten

und doch ist er gesund

Träume fallen vom Zauberbaum

mitten in meine Welt

ich fühle sie bunt und schön

habe ich sie bestellt

fange sie auf

leicht wie der Wind

schweben sie in mein Herz

von hier führen sie mich

in ein Leben mit dir

Du

schleichst dich heimlich in mein Herz

du wohnst in meiner Seele

Die Schaukel im Garten

sie bewegt der Wind

einst schaukelte sie da als Kind

hoch bis zum Himmelszelt

und sang ihre Lieder

mit dem Wind

Erinnerungen

manchmal verblassen sie

und man fragt sich

warum

da war doch

Liebe im Spiel

war es ein Spiel zu viel

ein Spiel zu viel

Ein Lächeln im Gesicht

schenkte sie ihm

er nahm es mit

und vergrub sich damit

die Zeit verging

doch das Lächeln brauchte Licht

und so geschah es

das er sich traute

und lächelte zurück

Für dich

ist kein Berg zu hoch

kein Weg zu weit

kein Ozean zu tief

kein Dunkel zu dunkel

um nicht zu sehen

wenn du mich brauchen würdest

Kompromisslos

das ist die Freiheit die du meinst

kompromissbereit

das war die Liebe für die ich bereit war

wir waren alles

was wir wollten

doch versuchten wir es erst gar nicht

Schrieb so viel in den Wind

Regen peitschte in mein Gesicht

regennasse Haut

doch wurde belohnt

mit deiner Liebe

Am Himmelszelt

Ballons bunt und schön

Menschen reisen in ihnen

schauen sich die Welt anders an

Gedanken gehen auf reisen

Gefühle lassen Hoffnung wachsen

das man vieles schaffen kann

Warum

lässt du nur deine Gefühle sprechen

wieso

erzählst du mir nicht

gefühlvoll von dir

weshalb

Es gab nie

einen gemeinsamen Traum

nie ein Wort von Mund zu Mund

fragte mich

was ich falsch gemacht hatte

nichts

gar nichts

ich fühlte einfach Liebe

und lies meine Seele nicht allein

Mondlicht schmerzte der Seele

Träume schienen aufgebraucht

doch tauchten im Seelenmeer auf

und schimmerten hell

durch die Nacht

bis hinein in den Morgen

und waren zu neuem Leben erweckt

Die Gesichter der Steine

sie schauen aus dem Erdreich

wuchsen im Dunkel auf

hin zum Licht

Sternenlichter leuchten die Nacht hell

Mondsichel am Firmament

Sonne längst versunken im Meer

und ich denke an dich

Seelentiefe Berührung

Wunden sollten heilen

doch es schmerzt

Erinnerung hell wach

warum tust du mir das an

der Freiheit wegen

doch meine Freiheit ist nicht die deine

meine Freiheit möchte ich

in der Zweisamkeit leben

Schattenseiten wechseln

doch werden sie bleiben

bis die Sonne im Zenit steht

und werden sie neu entdeckt

geht die Sonne unter

und ist sie

in den nördlichen Fluten versunken

ist der Schatten groß

bis der Sonnenschein

nicht mehr trinken mag

und aus den Fluten

hinauf steigt zum Himmelszelt

Sturmgetöse

Meer schaukelt Wellen hoch

Naturschauspiel

Seelen fühlen

Insel im Meer

Sternenlicht erwacht

Mondlicht wandert durchs Dunkel

wir eng umschlungen

im warmen Sand

Wellen umspielen Körper

in der Hitze der Nacht

Träume mit dir

mich durch den Tag

Lieder in mir erwachen

mein Entschluss ist gefasst

er wird es sein

der mich halten wird

in den Stürmen der Zeit

Kein Lied dieser Welt

könnte erzählen

was ich für dich fühle

keine Worte dieser Welt

könnten genügen

für das was ich für dich empfinde

LIEBE

Ich bringe dich aus der Fassung
und du findest einfach nicht zurück

Wenn Altes neu entsteht

vielleicht

weil es zu früh gegangen war

wenn Träume wiederkehren

um gelebt zu werden

vielleicht

weil sie zu früh gestorben waren

in welcher Zeit lebe ich dann

Ein Geschenk

ein Talisman

begleitet mich durch die Zeit

steht hinter jeder

meiner Entscheidungen

ist für alles bereit

so wie ich

Der Morgentau

sanft begrüßt er das Grün

die ersten Sonnenstrahlen

berühren seine Seele tief

doch nichts bleibt

wenn er auf seine Reise geht

Stein um Stein

geschliffen fein

liegt ihr im Sande

Wasser lässt euch werden

immer anders

bis ihr gefunden werdet

im Sonnenlicht

Wenn Worte schweigen

Augen stumm sind

dann ist die Welt verloren

Laute Worte

in tot geglaubter Stille

Schmerz tief in der Seele

findet Wege ins Außen

Herz befreit

niemand hörte zu

Bilder an einer Wand

erzählen Geschichten

Seelentief

Wellentanz zum Ufer

Schritte auf feinen Sand

Stille Umarmung gelöst

Freiheitsgefühl im Gepäck

In der gemeinsamen Liebe

einen Schritt zu weit zu gehen

ist nicht das Schlimmste

man ist im Plus

Man hat mir

in mein Herz geschrieben

was ich will

manchmal

lese ich es leise für mich

ein Gefühl

der Vertrautheit stellt sich ein

doch weiß ich nicht

schaff ich es

meinem Herzen zu folgen

Berührungen

tief in der Seelenhaut gespürt

Gänsehautgefühl

Visionen lassen fühlen

Seelenträume

Seelentraum

nicht einsam

Deine Seele

ein Teil der meinen

dein Herz erzählt

meines möchte wissen

doch fühlt es wie das deine

mich anzunehmen wie ich bin

durch dich

manchmal nicht so einfach

manchmal leicht

ich bin gut gemeint

bist du es auch

glaube schon

vielleicht

ist es für dich

auch eine neue Erfahrung

dich anzunehmen wie du bist

durch mich

Wenn B aus W fühlen lässt

„Ich liebe dich"

dann schwebt J aus L

im siebten Himmel

Es schmerzt

hoffte ich doch

es wird jemand sein

der mutig genug sein würde

mutiger als ich

Seelenfach gefüllt

mit Visionen der Liebe

Ich schreie Worte in den Wind

er nimmt sie mit auf Reisen

lässt sie fallen

wo sie fruchten

Hole meine Herzenstränen
aus der Seele hinauf ins Licht
sie erzählen von Träumen
die ich allein nicht träumen kann
wo bist du

Er schreibt

ein paar Zeilen aufs Papier

liest sie und wirft sie ins Zimmer

Gedanken sollten es nicht sein

Gefühle wollen leben

manchmal

noch schwer zu erzählen

auf dem weißen Blatt

scheint alles so klar

doch er weiß

sie wird verstehen

es wird nichts ändern

ob er schreibt oder nicht

„Ich liebe dich" flüstert er leise

Mit dir zusammen

ist alles so einfach

Tage sind viel schöner

Nächte unglaublich hell

Falsche Gefühle verbannt

Liebe entflammt

Deine Stimme

ich vernehme sie in der Stille

Gefühle

besuchen mich

Unsere Reise

sie hat begonnen

werden wir uns finden

ein jeder zu sich

manchmal

verstehe ich es nicht

An manchen Tagen
fehlt der Mut
die Wahrheit zu sehen
doch dann höre ich ein Lied
und alles geht auf Anfang

Für Heute war es gut

doch morgen sollte es besser werden

da geht noch mehr

eine Umarmung

eine liebenswerte Geste

ein nettes Wort

ich sollte wieder meiner Seele folgen

Manchmal

ist man mutig

manchmal

etwas irritiert

manchmal

schaut man durch einen Tunnel

manchmal

weiß man wie es geht

manchmal

fühlt man Schmerz

manchmal

fragt man sich Warum

manchmal

läuft man davon

manchmal

haut man auf die Pauke

manchmal

ist man auch ganz klein

manchmal

lässt man andere gehen

manchmal

sperrt man sie auch ein

manchmal

hat man entschieden

manchmal

tut man sich schwer damit

manchmal

lässt man mich selber gehen

manchmal

fühlt man nichts mehr

manchmal

weint man in ein Kissen

manchmal

weiß man auch warum

manchmal

erinnert man sich

manchmal

fühlt man sich fürchterlich

manchmal

schreibt man Briefe

manchmal

ist ein Telefonat schon zu viel

manchmal

bequemt man sich nicht

manchmal

ist alles zu viel

manchmal

hat etwas begonnen

manchmal

man weiß nicht warum

manchmal

fühlt man sich benommen

manchmal

ist einen alles zu dumm

manchmal

schwebt man im Glück

manchmal

träumt man nur davon

manchmal

möchte man fliegen

manchmal

möchte man sich sehen

manchmal

einfach nur dazugehören

manchmal

findet man sich nicht schön

manchmal

ist man nur leise

manchmal

ist die Stille ganz laut

manchmal

tut man eine Reise

manchmal

ist man auch laut

manchmal

fühlt man sich gut

manchmal

lässt man gewähren

manchmal

streitet man sich auch

manchmal

bittet man um Vergebung

manchmal

lässt man es auch

manchmal

findet man sich selbst

manchmal

fühlt man sich allein

manchmal

schreibt man ohne Ende

manchmal

findet man kein Wort

manchmal

schaut man gern in den Regen

manchmal

ist trübe Stimmung

an einem schönen Tag

manchmal

hat man große Träume

manchmal

hat man Glück

und das Gefühl

das Leben fängt gerade erst an

Tränen gehen leise

auf Reisen

eine geträumte Welt zerbrochen

Augen verstummen

Worte nicht zu gebrauchen

doch der neue Morgen wartet schon

Ist die Hoffnung so weit gegangen

bis sie brach

tröstet nichts mehr

Zeit erzählt Geschichten

irgendwann einmal

im Heute viel zu früh

wird es vielleicht

wieder ein Hoffen geben

doch es wird anders sein

über den Zaun gesprochen

es wird ein Wort hängen bleiben

eines

das der Seele eine ganze Welt erzählt

Im Augenblick

Stille

die Fenster des Herzens verschlossen

Seelentür klemmt

Sie erzählt von Gefühlen

von denen er nichts weiß

er fragt sich nicht

ob er gemeint

ist still und wartet ab

sie fragt sich „Auf was"

Sie kann nur sagen

was sie fühlt

sie kann nur den lieben

der auch sie nur liebt

nicht mit seinen Worten nur

mit Herz und Händen

mit Leibe und Seele

das wünsche ich mir

für immer

Sie wünscht sich so sehr

berührt er Haut

berührt er sie

spricht sein Mund

spricht er mit ihr

leuchten seine Augen

sieht er nur sie

lacht er

lacht er mit ihr

Er ist der Teufel persönlich

und mit Engelsgeduld

spricht er Worte der Liebe

bis sie wird willig

doch ist sie nicht dumm

sie dreht den Spieß ganz einfach um

Reden ohne Ende

doch was möchtest du sagen

Angst erzählt mit

doch was möchtest du sagen

am Ende nicht viel

den Zeitpunkt vermessen verpasst

Von Marion Jana Goeritz ebenfalls beim Verlag BoD erschienen (BoD Books on Demand, Norderstedt, nähere Informationen finden Sie unter www.BoD.de)

„Liebe für die Seele Band 1"
ISBN 978-3-7357-4045-8

„Liebe für die Seele Band 2"
ISBN 978-3-7357-7734-8

„Seelenweiß"
ISBN 978-3-7347-5769-3

„Seelen essen Liebe gern"
ISBN 978-3-7347-8706-5

„SeelenEngel" ein spiritueller Erfahrungsbericht
ISBN 978-3-7386-2588-2

„SeelenSchlüssel"
ISBH 978-3-7386-3844-8

„Seelenfarben"
ISBN 978-3-7386-3947-6

„Seelenschimmer"
ISBN 978-3-7386-4014-4

„Seelenfinden"
ISBN 978-3-7386-4037-3

„Ein Gefühl meiner Seele"
ISBN 978-3-7386-1506-7

„Seelenfrieden" Danken, Bitten, Entspannung
ein persönlicher Erfahrungsbericht
ISBN: 978-3-7386-4884-3

„Seelenweihnacht"
ISBN: 978-3-7386-5616-9

„Im Land unter dem Regenbogen" Wunderbare
Märchen und unglaubliche Geschichten
ISBN: 978-3-7392-0115-3

„Freddy und seine Geschichten"
ISBN: 978-3-7386-3321-4

„SeelenWorte"
ISBN: 978-3-7392-0455-0

„Herzanker"
ISBN: 978-3-7392-3482-3

„Im Fluss der Liebe"
ISBN: 978-3-7392-3489-2

„Seelenklänge"
ISBN: 978-3-7392-3532-5

„Liebeslied"
ISBN: 978-3-7392-3548-6

„Wahre Traumtänzerin"
ISBN: 978-3-7392-3556-1

„Emilia Sommerfeld"

ISBN: 978-3-7392-3787-9

„Für mich war es Liebe"

ISBN: 978-3-8423-5362-6

Weitere Informationen zu Neuerscheinungen
finden Sie immer auf meiner Seite

www.buchkaleidoskop.Reikipraxis-Goeritz.de